子どもの共感力を育む

動物との絆をめぐる実践教育

JN299078

柴内 裕子
大塚 敦子

写真撮影 大塚敦子

岩波ブックレット No. 777

はじめに

大塚敦子

なぜ、いま、子どもたちにとって、動物とのかかわりが大切なのでしょう。

私が考えるポイントは三つあります。

○自分とは異なる生き物である動物の行動を理解しようとすることで、他者への共感力やコミュニケーション能力を磨くことができる。

○動物をケアすることをとおして、自分より弱いものを思いやる心を育むことができる。

○好きな動物の存在を動機づけとして、苦手だったこと、関心がなかったことにも前向きに取り組むきっかけが得られる。

動物との絆《きずな》から得られるこのような恩恵を必要としている子どもは、いまの日本には大勢いるのではないでしょうか。

文部科学省の発表によると、二〇〇八年度に確認された児童生徒（小学校、中学校、高校）の暴力行為は約六万件。前年度に比べて、六八六二件増えています。とくに、小学校では一二七〇件増えて六四八四件、中学校では五九五一件増えて四万二七五四件となり、数字に現れた深刻な状況には危機感を抱かずにいられません。

子どもの暴力が増えている背景として、「感情がうまく制御できない」、「コミュニケーションの能力が足りない」といった問題が指摘されていますが、動物たちとのかかわりのなかには、これらの問題への解決のヒントが、たくさん見いだせる気がします。大人が言うことには素直に耳を傾けられなくても、動物とは心を通じ合わせたいと思う子どもたちはたくさんいます。問題児と言われながら、自分の愛する動物のために怒りを抑える努力をしたり、相手を理解しようとがんばる子どもたちを、これまで何人も見てきました。

また、少子化時代の子どもたちの生活のなかには、自分以外の他者をケアする機会はなかなかありませんが、動物たちが相手なら、自分がケアする側に立つことができます。両親から充分な愛情を受けられずに育った子どもたちにとっては、自分のなかにもともと備わっているはずの、弱いものへの思いやりの気持ちに気づくきっかけともなるでしょう。

子どもたちの共感力を育むために、「人と動物の絆」を教育現場に取り入れる試みが、日本でも始まっています。このあとのⅠ章では、その現場に立って実践を続けている獣医師の柴内裕子先生に、日本での様子を語っていただきます。

そして、Ⅱ章では、「人と動物の絆」に長い歴史を持つアメリカのさまざまなプログラムについて報告します。

Ⅰ　日本の小学校での実践

柴内裕子

1　子どもたちと犬との「ふれあい授業」

小学校で「ふれあい授業」を始めた理由

一九八六年、当時私は日本動物病院協会（ＪＡＨＡ、現公益社団法人日本動物病院福祉協会）の会長の任にあり、本会の願いとする動物医療を通じて社会に貢献する活動として、すでに欧米で進められていた、ヒューマン・アニマル・ボンド（ＨＡＢ、人と動物との絆）の理念にもとづいたボランティア活動である、人と動物とのふれあい活動（ＣＡＰＰ、コンパニオン・アニマル・パートナーシップ・プログラム）をスタートさせました。この活動により、動物たちと高齢者、病気の人びと、子どもたちとの相互作用（ふれあい）を通じて、さまざまな効果が期待されます。

そして最近、とくに依頼が多くなり、力を入れているのが、小学校での動物たちとの正しいふれあいです。以前は農場や農家に大型動物が、そして一般家庭では庭には犬がいて、猫は自由に出入りして、身近に見たり、ふれたりしていました。いま、都会は集合住宅化し、そこは永住の地でもあるのです。そのような生活環境のなかで、動物といっしょに暮らせるかどうかは、大切

ふれあい授業をおこなう筆者（左）

な問題です。

住環境だけではなく、生活環境や家族構成も変わり、子どもたちが自然や動物にふれる機会は、ほんとうに少なくなってしまったと感じます。自然や動物に心を向けたり、体で感じる「体感」を得る機会というのは、人間形成にとても大切なことです。私たちは太古の昔から、多くの自然のなかでさまざまな動物とふれあうことで、人間としての感性を養ってきましたが、その機会が失われている。子どもたちの生活はとても忙しくなっています。小学生も、夜九時、一〇時まで塾に通い、そのような時間のないなかで、子どもとしての体をぶつけ合うような遊びなどできるでしょうか。

そして、核家族化がすすみ、お年寄りは身近にいない、古くからの大切な生活の知恵や習慣の伝達もできない。四季折々の自然とふれあう暮らしや人としての五感を養う機会を失っています。

このような社会の変化への危機感から、「ふれあい授業」を進めています。当初は、この活動を理解される学校はほとんどありませんでした。しかし最近では校長会、副校長会、ＰＴＡ、授業を経験された先生の転任先からの依頼が多くなりました。一度、訪問授業をおこなうと、先生方も保護者の方々も、大切な内容であることを、理解していただけます。

いま、小学校の先生方は超多忙です。「ふれあい授業」といった動物を介在させる授業を新たに取り入れることは、きっと危険では？　不潔では？　と初期の段階では思われるようです。

他校でおこなわれた授業を見学にいらっしゃった先生、前任校で体験された先生が転任先で、「ぜひ、こちらにも来てください」と声をかけてくださっています。

小学校低学年までの子どもたちは、多くのことを、文字ではなく、数字でなく、体感・体得で身につけます。動物への接し方、優しい言葉や動作、非言語的な洞察力の向上、そして命の大切さなど得るものは大きいのです。活動前のアンケートと終わった後のアンケートを見ますと、子どもたちの動物への思いは、明確に差が出ます。その後のフォローアップ授業として作文、絵、工作、質問文などを先生方がごらんになって、子どもたちの言動を観察することで、この活動の価値を判断されています。

なお動物介在教育、つまり「ふれあい授業」は、教育として世界共通のＨＡＢ（人と動物の絆）の理念とプログラムを正しく伝えなければなりません。そのためには、この授業に参加協力してくださるボランティアの養成が重要です。そしてまたパートナーとしての動物たちの適性のチェックやしつけ、健康管理も大切です。

学校から「ふれあい授業」の依頼が多いのは、夏休みの前です。地方では、まだ放たれた犬がいるので、夏休みで帰省した子どもたちの事故が多いのです。

犬との正しいふれあい方を知らないために、うっかり手を出して噛《か》まれたり、走って逃げたために追いかけられたり、ということが起こります。そこで、夏休み前に正しく学習させておきたいから、「ふれあい授業」を、という希望があります。

「ふれあい授業」は、道徳の時間や総合の時間のほか、地域の専門家に来ていただくような授業の枠を活用されます。いま、小学校のカリキュラムのなかでは空いている時間はありませんが、理科の先生が自分の授業をこれに振り替えて活用したり、何とかこれを織り込む努力をされています。

授業に向けての準備

「ふれあい授業」へのリクエストは、学校から直接、協会に依頼されることが一般的ですが、保護者の方から、個人的にボランティアの方々に打診があったりと、さまざまです。依頼がありますと、まず協会からアンケートを送ります。

活動前のアンケートは、およそつぎのような内容です。

・この活動は、どこからお聞きになりましたか。

・保護者にはこの活動を伝えていますか。ご意見がありましたか。

・動物嫌いの児童はいますか。児童は動物と暮らしていますか。それは何ですか。犬をこわがる児童は？　アレルギーのある児童は？　当日、犬に会ったらどんなことをしてみたいですか。

このアンケートをふまえて、打ち合わせをおこないます。

打ち合わせでは、この活動をおこなうにあたって、学校と協会の責任上の覚書を交わします。そして学年と参加人数、時間に合わせたプログラムを検討。さらに会場の広さ、床面の素材によって犬の足は滑らないか、ボランティアと動物の控室の位置、駐車場の位置、大型犬の排泄可能な場所などについて、学校側の担当者、担任の先生方と打ち合わせて準備を整えます。もちろん、この段階の前に、訪問可能なボランティアチームの編成を検討します。

授業の進め方

さて、実際の授業の進め方を説明します。

ほとんどの学校では体育館が使われます。参加する児童は床に馬蹄形《ばていけい》に体育座りで待っています。初めに担任の先生からＣＡＰＰ活動について簡単に紹介していただきます。続いてボランティアが自分の家族（パートナー）である犬とともに児童の前に出て、あいさつ。そして犬の種類、名前、年齢、時間に余裕のあるときはその犬の本来の役割（働き）についてわかりやすく説明します。その日のプログラムにもよりますが、およそ五～一〇頭くらいのさまざまな犬種が参加します。

低学年で動物をこわがっている児童の多いクラスでしたら、児童の前で、犬に「オスワリ、マ

静かに友だちの匂いを

テ」をさせて、ボランティア（飼い主）が五～六メートル離れ、「オイデ」と呼び寄せます。今日来ている犬たちが、しっかりしつけができていて、決して危険な犬でないことを見て、安心してもらいます。

「オイデ」で嬉しそうに飼い主のところに走りより、飼い主に「オリコウ」と褒《ほ》めてもらうことは、人と同じように嬉しいということを、わかってもらえると、緊張がほぐれます。

アレルギーのある児童は、最初は離れたところから、見るだけにします。そして、問題がないようであれば、徐々に近くに寄ってこられるようにして、その後の様子を観察しますが、多くの場合、犬のアレルギーではないようです。

犬をこわがる児童の場合は、無理にさわらせることはしません。他の友だちがふれあっているのを見て、「ああ、あんなに優しい犬だったら、さわってみたいな」という気持ちになったら、ゆっくりゆっくり寄ってもらって、できるだけ小柄な犬からさわれるように気を配ります。また、保護者や先生がさわって見せたりすることで、安心してさわれるようになる児童も多く、このような方法が自然です。

最初に、子どもたちが安心してふれあえる環境をつくることが大切です。犬と聞いただけで「こわいよ～」という児童もいます。その率は、団地と呼ばれる集合住宅の多い地域の子どもほど高い。犬と暮らしたり、犬をさわった経験が少ないからです。

そのため、団地から通う子どもの多い小学校からの「ふれあい授業」の依頼が増えています。

このような環境の児童は、命はリセットできるか、それとも絶えるものなのかという問いに対する感覚も不安定です。動物と暮らせる、さわれる環境で生活している子どもたちのほうが、命に対する正しい教育が自然にできているのです。

三つの約束

最初に三つの約束をします。

犬をおどかさないで。

1．犬の近くで突然走らない。

2．犬の近くで突然大きな声を出さない。

3．犬を突然触らないで。

動物たちは、いつも優しい気持ちで見てください。

この約束をしてから、つぎにすすみます。

人にも動物にもあいさつが大切

動物たちの紹介のあとは、ごあいさつ。まず、今日ここに来ている犬は、普通の家で暮らしている家族で、飼い主さんと来ていることを伝えます。

それから「人にも動物にも、あいさつが大切。今朝みんな起きてから、家族に『おはようございます』と言いましたか？」と聞くと、手が半分ぐらいしか挙がらないことがあります。「学校にきてお友だちにあいさつしましたか？」、「先生にあいさつしましたか？」とたずねると少し多くなります。もちろん多くの児童が元気にあいさつをしてくる学校もたくさんあります。

犬たちにもあいさつが必要、それはなぜだろう？　ということから、「みんなもそうでしょう。いきなり頭の上からワッとさわられたら嫌だし、あいさつもなしに急に話しかけられてもびっくりしますね」と言います。また「飼い主さんときちんとあいさつをしている人には犬も安心しますね」と伝えます。

そして、「犬への正しいあいさつは、このようにしましょう」と、デモンストレーションをします。犬を散歩させている人に出会って、その犬をさわってみたいなと思ったら、まず飼い主さんにあいさつをして、「さわってもいいですか？」と質問する。飼い主さんが「ちょっと待ってね」と言って、犬をお座りさせたり、犬のそのときの様子を見て、「大丈夫、やさしくさわってね」と言われたら、このような方法でとデモンストレーションを見せます。

知らない犬に近づくときには、ジッと目を見ながら真正面から近づくと、犬は威嚇《いかく》されていると思い、逃げ場を失って問題を起こします。そこで斜め前から、ゆっくり近づいて飼い主さんにあいさつします。犬が小さければ、しゃがんで同じ高さになって片手をグーの形にして、やさしく、そっと犬のあごの下に出す。手をグーの形にするのはなぜかというと、犬の鼻の先に似ているので落ちついて嗅《か》ぐことができるからです。手をヒラヒラさせていたら犬は気が散って、この手はつぎに何をするかわからないと思い、警戒します。またゆっくり嗅がないと心配なのです。

犬どうしでも、最初のあいさつは鼻先で嗅ぎあいます。みんなの優しい手をクンクン嗅いで、「友だちになれそうだな」ということを感じてもらえたら、うまくいくのです。あいさつなしで突然走っていくと、相手はびっくりして逃げたり、またそれを追いかけてしまうと喧嘩《けんか》になることもあります。

人間も犬が驚かないように、やさしいグーをつくり、犬と同じ高さになって、ゆっくり犬の鼻先の下にグーをもっていき、嗅いでもらう。犬がクンクンと手を嗅いでくれたり、なめてくれたらグーの手をパーにして、そっとあごの下をなでてあげる。もし犬が体を硬くして耳を伏せているようであれば、決してそれ以上近づかないで。

そして、クンクン嗅いだあとでなめてくれても、「キャーッ、なめられた」って大声をあげたりしないで、初めてなので少しさわったら、ゆっくり立って、「どうもありがとう」と、あいさつして別れましょう、飼い主と犬の両方への礼儀として。

犬の毛の柔らかさに、思わず笑みがこぼれる

友だち（犬）をほめる——陽性強化法

家族としての犬の育て方、しつけの方法では、自発的にできたよいことを小さなことでも、ほめてほめて身につけます。授業でも犬が上手にできたことには、みんなで拍手するのですが、はじめにした犬の近くで大声を出さないという約束を気にして、子どもたちは、そっと優しい

拍手をしてくれます。「拍手は、もう少し大きくても大丈夫ですよ」と言うと、「わー」と手を叩いてくれます。

さて、正しいさわり方を学んだだけで、授業を終わらせることはできません。さわり方だけを教えて終わってしまうと、自分はどの犬にもさわれると思ってしまうことがあり、とても危険です。

つぎに、さわってはいけないときを、しっかり身につけます。

(1)食事中の犬
(2)子犬を抱いている犬
(3)コンビニなどの前で飼い主を待っている犬
(4)補助犬として障害のある飼い主を助けて働いている犬
(5)車の窓から顔を出している犬
(6)垣根の中にいる犬
(7)飼い主のいない放たれて一人歩きしている犬

この学習にはスライドやボード、手製の車や垣根を使って説明したり、体験してもらいながら進めます。

動物たちを悪者にしないために

さわってはいけない項目(7)を受けて、公園や学校の帰りに、飼い主がいっしょにいないで一人歩きの犬に出遇《であ》ったらどうするのかを学びます。これは「犬を悪者にしないために」、また事故防止にとても大切なレッスンなのです。

飼い主が近くにいない犬は、緊張し、こわがっている。知らない人に寄って来てほしくないので、恐怖のために攻撃してしまうことにもなる。

この場合は、あいさつをしたくても、飼い主さんがいないわけですから、「木になろう」を学びます。犬にさわろうとすれば事故になるかもしれない、逃げれば追いかけられるかもしれない、それを防ぐために動かない木になるのです。児童に、「木には目がある？　口はある？　足はある？　手がある？」と問いかけ、「木にはどれもないね」と言って、目をつぶって声を出さずに腕を前に組んで動かないまま立ってもらいます。

児童全員が立って木になったり、数人の児童に前に出て木になってもらい、「目はない、口もない、手もないね」と、一つずつ聞いていく。そこにボランティアが無言で犬を連れてきて、犬にクンクンと児童の足元のにおいを嗅いでもらう。

このとき「もしかしたら、おしっこをかけるかもしれないよ、なめられるかもしれない、靴をガリガリするかもしれないよ。でも、絶対に声を出さないで」と伝えます。そして、「もしもびっくりして転んでしまったら、倒れた木になろう。顔を下に伏せて、手も組んで、胸の下において、動かないで」と教えます。

これは大切な危険防止のレッスンです。子どもがけがをしないための危険防止は、動物を悪者にしないことでもあるのです。噛まれるのは、ほとんどの場合、突然に出遇ってびっくりして、

離れている犬に会ったら「木になろう」を練習する子ども（左）
車中で飼い主を待っている犬に近づいてはいけないことを模擬体験（下）

大声をあげて走って逃げたケースです。

犬は捕食動物、つまり追いかけて捕える動物ですから、目の前に走って逃げるものがあれば追いかける。犬は手が使えないから、噛んで捕まえる。それは犬にとっては、ごく自然な動作なのです。しかし、人間にとっては不幸な出来事です。それをさせないために、子どもたちには正しい知識を身につけてもらい、事故を防がなくてはなりません。

さて、「木になろう」のレッスンが終わったら、みんなが待ちに待った、ふれあいの時間です。当日の児童数によって、五、六人から一〇人ぐらいのグループをつくり、そこに一頭ずつ犬とボランティアが入って、今日学んだことのおさらいをしたりします。またその犬の世話の仕方を教えてもらったり、足の裏や耳、鼻など体の観察をします。抱っこして「あったかーい」と、初めての体験もします。

ふれあいが終わると児童は元の位置に戻って座り、質問の時間です。犬はなぜ尾を振るの？　鼻はなぜ濡れているの？　犬の赤ちゃんは生まれて何日目に離乳するの？　犬の歯の数は？　犬の走るスピードは？　「犬がぼくの耳をなめたんだけど、どうして耳をなめるの？」など、子どもたちの感覚でドキドキするような質問もでます。私たちボランティアも、正しく、わかりやすく答えるための学習が必要です。自信がないときは、「勉強して、お手紙で返しますね」というように正直に答えるのが、原則です。子どもたちは、よく理解してくれます。

また、このことが、訪問後の交流のきっかけにもなります。

ここまでは基本ですが、学年にあわせて、また回数によって、さらにつぎのような内容を学校と相談のうえプログラムします。
(1)わかってあげよう動物たちのこと
(2)不幸な動物たちをふやさないために
(3)野生動物はペットではない
(4)動物たちとの別れ
(5)働く動物たち、その他

子どもたちは何を感じるのでしょうか

「ふれあい授業」は、このような内容で進めますが、毎回、終了後にアンケートをいただき、それにもとづいたフォローアップ授業も大切です。その日のことを作文や絵に書く、手紙での質問の応答、段ボールを加工して犬のおうちをつくろうとか、習ったことをテーマに演劇で再現するなど、先生方がさまざまなフォローアップを授業のなかに取り入れてくださる。それに応える形で手紙の交換をします。「○○小学校○年生の皆さんへ」と、参加した動物の名前でお返事を出します。犬たちのシールを貼ったり、子どもたちにとって思い出深い経験にしてもらうためにも、心をこめて取り組みます。

いま都会では、一クラスが三〇人前後の学校が多いのですが、そのなかで、多いところは四〜五人、少なくても二人は犬がこわいという子どもがいます。それが、ふれあいをしたあとは、すっかり好きになったとか、うちでも飼いたいという子どもが出てくるのです。ふれあいのあともまだ嫌いのまま、ということはめったにないですね。無理矢理ではなく、かわいい、優しい犬に、友だちがさわるのを見て、自然に自分からさわれるようになっていく。まだ少しこわいけれど、さわることができた。その達成感は大きいのです。

授業のあとで、子どもたちが書いて送ってくれる感想文は、ボランティアをする飼い主にとって最高のプレゼントです。みなさん自分のパートナーであり、家族の一員でもある犬といっしょに活動することを楽しみにしているわけですが、その犬のことを書いてもらうと、またとっても嬉しくなるのです。いただいた感想文を、いくつかご紹介しましょう。まず、五年生の女の子からです。途中からご紹介します。

つぎに抱っこのやり方を教えてくれました。「まず、わきの下を両手で持って持ち上げて、すぐお腹のほうまでやって、足を持ってあげてね!」と言われたので、そうしてみました。抱っこしてみたらすごくあたたかくて、とってもふわふわしていました。抱っこをしたとき、心がポッとした気持ちになりました。

これからは、いつもみんなにやさしくできるような人になりたいと思いました。

これは六年生の男の子です。

ぼくは犬をさわらせてもらったり、抱かせてもらったりして、少し重かったけど、あたたかくて、とてもかわいかったです。

教わったことのなかでは、犬が一匹でいるときは木になるということで、初めて知ってとてもおどろきました。ほかにも、犬のほうが人より心拍数は少ないけど、ちゃんと心拍数があるし、犬はかわいくて、警戒したり威嚇したりすることもあるけど、心臓もあるし、ふつうに動きまわっているから、犬も生き物で、命がちゃんとあるんだと思いました。

これも六年生の男の子から。

ぼくは前から先生に犬と遊ぶと聞いていたので、楽しみにしていました。まず、初めに自己紹介がありました。すごくみんなおとなしそうで、かわいかったです。いままでぼくが見てきた犬はみんな吠《ほ》えていました。つぎに、犬にこわがらせない方法や、さわるときにはこうしたほうがいいとか、くわしい説明がありました。すごく簡単で、わかりやすかったので、すぐわかりました。

説明が終わると犬とふれあうコーナーがありました。すごくおとなしかったです。「お手」と犬にしてみたら、「お手」をしてくれたのですごくうれしかったです。ぼくは飼い主がちゃんとしつけをしているんだなということがよくわかりました。ぼくは犬があまり好きではなかったけれど、犬とのふれあいをして犬が好きになりました。

つぎは、六年生の女の子。

先日は、犬とのふれあい授業で、犬とのいろいろなふれあい方を教えていただき、ありがとうございました。私は最初は犬がすごくこわくて緊張していたけど、ふれあいの授業を受けてから、犬が好きになったとまではいかなかったけど、かわいいと思えるようになりました。また、犬とのふれあい方や、犬を見かけたときの対応などを知ることができて、とてもよかったと思います。これからも、「犬嫌い」「犬がこわい」という人のために、ふれあい方を教えてあげてください。

つぎも、犬はこわかったという女の子。五年生です。

私たちは、学校で犬とふれあう前に、総合学習で「アニマル・セラピー」について調べていました。最初私は、「アニマル・セラピー」って何だろう?と思っていて、パソコンのインターネットで調べました。そして、ついにふれあえる日になってドキドキしながら体育館に行きました。

そのあと、いろいろなふれあいの体験が書いてあって、こんなふうにまとめられています。

ふれあう時間も終わり、また少し説明を聞き、あっという間にアニマル・セラピーの時間が終わろうとしていました。私は、犬はこわいと思っていたのに、なぜか「もっと犬とふれあいたい」と思いました。今回のアニマル・セラピーで、自分は犬をこわがっていたのに、犬も自分のことをこわがっていたんだってことがわかったし、犬ってかわいい！という気持ちになりました。これからも、犬に道で出会ったら、もしその犬が一匹で歩いていたら、そのときはちゃんと木になりたいと思います。そして、いままで以上に、動物を大切にしたいなと思っています。

最後は、六年生の女の子から。

ＣＡＰＰの皆さんへ、このあいだはわざわざ◯◯小学校の体育館にきていただき、ありがとうございました。ワンちゃんもありがとうございました。みんなかわいくて、やさしくて、忠実なワンちゃんで、しつけがしっかりされているんだなと感じました。私は幼少のころ、あるデパートのところにつながれている犬に飛びつかれて、噛まれたことがありました。痛くて大泣きで親のところへ行きました。いま思えば、私もびっくりしたけれども、ワンちゃんもそうとうびっくりしたんだなと思います。かわいそうなことをしました。この体験を通して命の尊さを学びました。ありがとうございます。皆さんもワンコちゃんもお体に気をつけてください。

この女の子は、心のなかに育んでいた思いやりの気持ちをこうして表現できた。動物だから表現しやすいということがあるのです。動物に対してなら、自分がお姉さん役になったり、お兄さん役になることもできる。動物たちは子どもたちの素直な思いやりの気持ちを引き出してくれる名手です。

プログラムでは、二度目の訪問をするときは、自分の家でいっしょに暮らしている動物――メダカでも金魚でも犬でもいいのですが、それについて作文や一分スピーチをしてもらうようにしています。そうしますと、思いがけない動物とのふれあいがうかがえますし、子どもたちも、自分の友だちがどんなふうにして動物たちと暮らしているかということがわかって感激します。動物の写真を撮って皆さんに見せたり、作文を全部諳《そら》んじてきて、滔々《とうとう》と話してくれる児童もいたりと、これはなかなか楽しいですよ。

「ふれあい授業」を広めていくには

このような動物介在教育は、校長先生が望まれて提案されたいと思っても、現場の先生はあまりにも多忙で消極的になる傾向があると聞いています。「きっと子どもたちによい影響を与えるから、ぜひ迎え入れたい」と思うより前に、「エッ、学校に犬がくるの？　噛んじゃったらどうしよう、保護者に何と言おう、責任をどうしよう」、ましてや「いまの報告書づくりや授業の忙しいなかに、またもうひとつこれが入ってくるなんて」と、防御反応が先に出てしまって、なかなか気持ちよく受け入れていただけないこともあるようです。

しかし、いったん授業を見ると、子どもたちの声の張りも、発言力も変わり、これならばと理解して熱心に支えてくださり、転任するたびにその学校で受け入れてくださる先生もいらっしゃる。やはり現場の先生の協力がなければなりません。そして間違っても、問題や事故は決して起こしてはならないのです。

動物たちは子どもが大好きであること、清潔で充分なしつけがされていることが必須です。また この活動（ＣＡＰＰ）を推進する主催者側には問題の起きたときの危機管理、社会的補償の準備がなければなりません。

現在この活動は全国的に広がり、年々依頼が多くなっています。そのための準備で最も大切なのはボランティア（飼い主）の養成です。

ＣＡＰＰ活動を全国に推進している公益社団法人日本動物病院福祉協会は、今日まで、二四年間（二〇〇九年現在）、数えきれないほどのボランティアとその家族である犬、猫、兎《ウサギ》、小鳥などを各々の現場に最適なボランティアとして養成しました。その方たちの大きな協力が高齢者施設、病院、ホスピス、学校などにおいて動物介在活動、動物介在療法、動物介在教育の現場を支えています。

しかし、この活動がほんとうに広がっていくために、最も大切なことは教育者になる方の研修や養成機関で、ヒューマン・アニマル・ボンド（人と動物との絆、ＨＡＢ）の理念、世界共通のＨＡＢプログラムを学んでいただくことです。きっと現場を支えるよき理解者になっていただけると思います。そのような条件が整うまでは、現在推進している私たちＣＡＰＰ活動が学校側に協力して、先生方に負担の少ない方法で、理解を広げていくことが必要だと思います。

最近は動物を家族の一員として暮らす人も多くなりました。そして、家族としての犬とともにさまざまな社会参加を活発に始める例も多くみられるようになりました。素晴らしいことです。

単に好きだとか、かわいいというだけではなく、もし自分の犬や猫に適性があれば、子どもたちの成長や教育のために役立てられるということを理解し、現場を支える力になってくださっています。そのことは動物たちに対する理解者が増えることでもあるのです。多くの方が協力して動物たちとともに社会貢献を進めていけば、動物たちの社会的な処遇もますますよくなるでしょう。「うちの犬は、だめだから」と決めつけてしまわないで、しつけ教室へ行って勉強しようとか、社会参加しようとか、前向きな姿勢でご協力くだされば、すでに活動している多くの方々への嬉しいはげましとなります。

２　Ｒ・Ｅ・Ａ・Ｄプログラム

犬に読み聞かせをするという発想

アメリカで始まったＲ・Ｅ・Ａ・Ｄ《リーディング・エデュケーション・アシスタンス・ドッグス》プログラムを、二〇〇七年から日本でも始めています。アメリカでの現状については、つぎのⅡ章に詳しく書かれています。

ＣＡＰＰ活動では、都内の小学校の障害のある子どもたちのクラスに動物介在教育で訪問していましたが、このアメリカでおこなわれているＲ・Ｅ・Ａ・Ｄプログラムを持ち帰って先生方にお伝えしたところ、ぜひ、ということで始めました。

この学校では、特別支援学級のクラスは主に、一年から六年生まで、いっしょに学ぶ機会が多く、それぞれ大好きな本を声を出して犬に読んで聞かせています。幸い、その小学校は公立の図書館と隣り合わせでしたので、犬といっしょに図書館に入れるという立地条件にも恵まれていました。

実際に始めたところ、一人で三冊とか五冊とかの本を抱えてきて、「今日はこれを読んであげるんだ」と熱心に参加してくれるのです。床にマットを敷いて、その上で犬と子ども、そしてボランティアもいっしょに座ったり寝そべったり、もたれかかったりしながら本を読んでもらうのです。日ごろは声を出して読むことも大変だった子どもが、犬のほうに本を見せながら一生懸命に読み聞かせをする。時間がきても、「まだあと二冊あるのに」、「もっと読み聞かせたい」という声があがります。

子どもたちには、つぎはもっと読んで聞かせようとはげみになります。

考えてみれば、マットの上にボランティアと子どもだけがいるとしたら、見ず知らずのボランティアの人に突然、本を読んであげるなど、緊張が高まってとてもできないでしょう。そこに犬が一頭いるだけでできるというのは、動物の存在が緊張をほぐしてくれるからです。そして、緊張がほぐれるというのは、血圧や脈拍が安定したり、リラックスして物事に取り組みやすくなる、発語が多くなる、動作が能動的になるなど、多くの科学的、医学的な立証がされています。R・E・A・Dプログラムでも、つぎへの期待や達成感などが児童のモチベーションをあげてくれるのです。

ＨＡＢの講演会に、パートナーとしての犬を連れていきますと、人の目は動物に集中して、雰囲気がやわらぎ、演者は緊張がほぐれて助かります。一頭の動物の存在は、とても大きいのです。

名優も一頭の動物にはかなわないと言われますけれど、よくわかります。動物の存在に人間は注目します。そして緊張がほぐれる、つい笑顔になってしまう、ものを言いたくなるとか、隣の人と話をしたくなるというようなことが、ごく自然に起こるのです。

現代の動物介在療法の基礎を築いたアメリカのボリス・レビンソン先生は児童心理学者でした。一九五三年のことですが、ある少年を治療していて、一カ月間、言葉を引き出せなかった。ところがある日、待合室にきた少年がレビンソン先生の愛犬のジィングルズと話をしていたのです。それを見て、先生は動物の存在の重要性に気づかれたのです。

白衣を着ておられたかはわかりませんが、先生の前では言葉が出なかった少年が犬と自然に話せた。これはほんとうに、よくわかります。発語の機能的能力があるならば、言葉を引き出すのは、やはりふさわしい環境だと思います。ごく自然にそのような雰囲気をつくりだす名手は動物たちです。レビンソン先生がこのことを学会で発表された当初は、すぐには受け入れられなかったのですが、これを機に現代の動物介在療法の基本となる調査研究が進みました。

子どもたちはどう変わったのでしょうか

R・E・A・Dプログラムを始める日には、その日に訪問している犬たちとまずふれあって仲よくなります。そのあと図書館に行って読み聞かせをするのですが、慣れてくると、子どもたちは「ぼくがワンちゃんを図書館まで案内する」とはりきる。学校内をぬけて、図書館に行きますが、「ぼくが連れて行く、荷物もぼくが持ってあげる」と、申し出てくれるのです。お迎えに駐車場まで来て手伝ってくれることもあります。

この学校の特別支援学級でおこなうR・E・A・Dプログラムは、一年生から六年生までいっしょなので、上級生が下級生の世話をしたり、教えたり、犬にはこうしてあげようと言ったりします。またそれぞれの犬のファンができて、「あの子は、ぼくが面倒みるんだ」といって犬の入ったキャリーバッグを持って先導してくれる。それが子どもの成長にもつながっているという気がします。

私がとくに感動したエピソードがあります。燦々《さんさん》と太陽の輝く日、校庭で「ふれあい授業」をしたときのことです。そのとき、私のパートナー(犬)は小型犬のプードルでした。子どもたちは強い陽射しはよくないといって、自分たちのジャケットを脱いで、みんなでテントをつくってくれたのです。テントの端をみんなで持って、犬のために日陰をつくってくれた。そのうえ、ノートで扇子《せんす》のようなものをつくって、一生懸命扇《あお》いでくれました。

ある子どもは、パーッと走って行って小さな花を摘《つ》んで、犬の冠をつくってきてくれたのです。また別な子どもは、小さな木の芽のようなものを押し花みたいにして持ってきて、「これは『幸せのしおり』だから、ちゃんと持って帰るんだよ」といって持たせてくれました。

このような細やかな愛情表現ができるというのは、ほんとうにすばらしいことです。そのしおりは大切に愛読書にはさんでいます。このことを学校の先生にお話ししたら、「エーッ、○君が、そんなことできたの！」と、びっくりされていました。先生たちでさえも気づかなかったその子のポテンシャルが、犬によって引き出されたのですね。こういう思いやりの気持ちが育つのは、自分が何かをしてあげられる対象がいるからであると思います。

3　子どもたちの心を育む動物たち

世話をする相手がいることの大切さ

世界一長寿の日本も出生率は低く、きょうだいは少なく、一人っ子も多いのです。家庭のなかで世話をしたり、いたわってあげたりする小さい子や同居しているお年寄りもいないことが多い。両親に面倒をみてはもらうけれど、自分が世話をする相手はいないことが多いのです。優しい言葉、思いやりの動作、そのことが自分の中にあることさえ気づかずに成長してしまいます。このようにして大人になった人たちが多くなれば、人を助けたり、人と楽しむ時間をつくったり計画したりできる人は少なくなっていくでしょう。そうしたら、人びとは荒廃した社会をあたりまえのように思い、自分の子どもや周囲に温かい時間をつくりだそうという発想さえ持たなくなるでしょう。

たしかに、子どもと動物のふれあいも、正しく接するのでなければ動物虐待になることがあります。身近な無抵抗なものに手を出すことにもなるわけです。どのような場面でも、親や教育者の目が行き届いていなければなりません。ただ動物がいればよい、というものではありません。

しかし、動物とふれあうことは、マイナスになることはけっしてないはずです。自分より弱いもの、世話をしてあげられるものがいるということにより、自尊心を育み、達成感を味わい、真の勇気と忍耐を身に付けることでしょう。

人は、動物を見ると注目し、体を低くして手を差しのべ、優しい声を出す。世話をしたいと思います。

動物と暮らしている子どものほうが、アレルギー性の鼻炎や花粉症が少ないことはすでに知られています。数年前にスウェーデンの小児アレルギーユニットから発表された結果に、目からウロコが落ちる思いがしました。途上国、農場、きょうだいの多い子、〇歳のころから犬や猫と暮らしている子どもは免疫力が高いということが証明されたそうです。この四つに共通しているのは、適切な時期にさまざまなアレルゲンにさらされている、ということですね。

人類は地球上で暮らしていくために、多くの免疫を持つことが必要で、そのためにも、〇歳から一二歳ころまでの免疫システムの構築される間にさまざまなものにふれることが大切だといわれています。育ちゆく子どもたちは、さまざまなことを体感し、はじめて判断力が生まれます。そういう心の免疫と体の免疫が両方とも得られる環境をつくることが大切だと思います。家族としての犬や猫はそのための助けになります。可能なかぎり、いっしょに暮らしてほしいと思います。

しかし、ともに暮らす動物が幸せでなければならないことを忘れてはなりません。

「いのち」について学ぶ

「ふれあい授業」のなかで、「いのち」をテーマにすることがあります。

地域や学年にもよりますが、「一回死ぬともう帰ってこられないと思う？　帰ってこられると思う？」とたずねます。「ボタンを押すと生き返ると思う人、手をあげて」。すると躊躇《ちゅうちょ》しながらも手があがります。集合住宅の多い地域の小学校で、動物と暮らす機会の限られている子どもたちは、とくに多いと思います。三〇人ほどのクラスで、そのように答える子どもが四人から六人もいて、ショックを受けたことがありました。

犬や猫は、人の四分の一か五分の一の寿命で生涯を見せてくれます。欧米では子どもが生まれたら犬を飼いなさいといいます。また、子どものいない家庭よりも子どものいる家庭のほうが、多くの場合、動物と暮らしている。それは教育的にも大いに役立ってくれているからです。子どもたちが心広く、優しい人に育つことが経験的にわかっていたから、動物を飼っていたのです。ところが、それができなくなった集合住宅の集まる都市化のなかの子どもたちが、命はリセットできると思ってしまうのも現実です。

ボタンを押せば死んだものは帰ってくるというのは、ゲームでも、テレビでもそうです。死が永遠のもので、二度と会えなくなるということは経験できていないのです。

昔はお年寄りとともに暮らし、かわいがってくれていたおじいちゃんが亡くなり冷たくなって、もう二度と会えなくなったという経験をしたり、動物と暮らしていれば、大好きな動物が死に二度と動かないこと、どのようにしてお別れしたらよいのかをさびしく実感することを経験したりしました。

ここで、また授業の内容に戻りますが、小学校の高学年では「心臓の働き」をテーマにすることがあります。拡声器のついた聴診器で、小さい犬、大きい犬、女子、男子、みんなの前で聴診して、一分間の心拍数を数えて、黒板に書きます。

ドクドクという心臓の音を、みんなでいっしょに聞くのです。心臓の働きは何？　栄養を送ったり酸素を送ったりしている。心臓が停《と》まると命が絶えるということを学びます。

体を動かす縄跳びを三〇回、または体育館のなかを三周して、終わったときにまた聴診をする。そうすると、一三〇とか一四〇に心拍数が上がっているわけですが、それはなぜだろう？　心臓は、こんなに大活躍を続けていることを、実感し、理解します。

最近は動物介在教育が終わってから、参観してくださった家族の方々にお話しする機会をいただくことがあります。私は獣医師であり、母親でもあります。四十数年にわたって、多くの動物たちの治療を通じて、飼い主の方々とも親しく接してきました。また動物たちの素晴らしさが、どれほど人類を助けてくれるかも実感し続けています。お父さんお母さん方は、なぜ今日、活動してくれた犬がこんなにおりこうなのかと尋《たず》ねられます。犬のしつけはいま、先に述べた「陽性強化法」です。小さなことでも、よい行動をみたら、ほめてほめて身につけさせます。ほめられると嬉しいのです。子どもたちも、きっと同じですと、お話しします。そして、もっともっと抱きしめてあげてください。私たちは哺乳動物で、スキンシップが何より情動を安定させます。たっぷりと母乳を飲んで抱かれている時間がとても大切だと言われていますので、可能なかぎり、その時間をもちたいものです。赤ちゃんの最初の教育者はお母さんです。そのお母さんをお父さんや家族が支える。また子どもたちの脳のハードは一〇歳までに完成すると言われています。それまでに楽しい時間を過ごすことが、地球上の宝物である育ちゆく子どもたちにどんなに大切かを理解していただき、自信を持って「大事業、子育て」をしてくださいとお話しします。

私たち人類は本来大自然のなかで、さまざまな動物たちとふれあうことから人類としての感性を身につけてきました。いま、都市化の進むなかで、自然は遠のき、動物との生活も許されない環境もあります。また、いま、ともに暮らす動物（伴侶動物）の代表、犬と猫は人類との長い付き合いの歴史を歩んだことで、すでに帰る自然を失った動物です。人の社会の一員、家族の一人としてのみ生きていかなくてはなりません。

幸い、犬と猫は動物介在活動、動物介在療法、動物介在教育の現場で多くの役割を担います。このような動物たちからの素晴らしい恩恵を正しく受け止め、共感力をもった人を育て、安全な社会を支え続け、ヒューマンアニマルボンドの理念を大いに活用したいものです。人類が幸せでなければ、自然や動物を守ることはできません。これからの地球を支える子どもたちの成長に、動物たちはきっと大切な役割を担い続けると思います。

参考文献
人と動物の相互作用国際学会　ＡＡＡ、ＡＡＴ、ＡＡＥに関する基準及び一九九五年、一九九八年、二〇〇一年大会宣言
米国デルタ協会編　The Human-Animal Health Connection
公益社団法人日本動物病院福祉協会ＣＡＰＰ活動マニュアル

II 「人と動物の絆」を生かしたアメリカの実践

大塚敦子

動物たちを家族の一員として暮らしてきた歴史が長いだけに、アメリカには、動物たちの力を借りて、子どもたちの共感力やコミュニケーション能力を高めるためのプログラムがたくさんあります。すでに一〇年以上の実績を持ち、評価が確立していて、日本でもぜひ取り入れたいと思うプログラムが少なくありません。「はじめに」では、なぜ、いま、子どもたちにとって動物とのかかわりが大切なのか、三つのポイントを挙げました。ここでは、それぞれのポイントに沿った代表的な活動を取り上げ、詳しく見ていきたいと思います。

1 他者への共感力やコミュニケーション能力を磨く——介助犬訓練というレッスン

少年少女たちに介助犬の訓練を教える

盗みや傷害などの非行に走る、麻薬やアルコールに手を出すなど、さまざまな問題行動のある少年少女たちに、介助犬を訓練させる。「えっ?」と驚く人もいるでしょう。体の不自由な人の生活を支える介助犬を、子どもが、しかも問題行動のある子どもが訓練するなんて、そんなことができるのでしょうか。

じつは、これは、一九九〇年代の初めにカリフォルニア州で始まった試みで、すでに大きな成果を上げています。「ハイスクール・アシスタンス・ドッグ・プログラム」と呼ばれるこのプログラムは、一般の学校をドロップアウトしたり、補導された経験があったり、すでに更生施設に入っていたりと、いろんな問題を抱えている子どもたち(主に一四歳から一八歳ぐらい)に、介助犬の訓練を教える。そしてその過程で、共感能力やコミュニケーション能力、忍耐、責任感などを身につけさせるというものです。

このプログラムを始めたのは、ボニー・バーゲン教育学博士。もともと教師であった彼女にとって、介助犬の訓練と人間の子どもたちの教育とを融合することは、ごく自然な成りゆきだったのでしょう。バーゲン博士は、世界で初めて介助犬を世に送り出したパイオニアとしても名高い人です。彼女が犬に障害者の介助を教えるというアイデアを思いついた一九七〇年代前半には、そんなことが可能だと思う人は誰もいなかったといいます。協力を求めて訪ねてまわった盲導犬育成団体ですら、犬が人の落としたものを拾ったり、エレベーターのボタンを押したり、電気のスイッチをつけたり消したりすることなど、「できるはずがない」と一笑に付されたそうです。

けれど、七五年に、あるゴールデン・レトリバーを最初の介助犬として世に送り出すことに成功してからは、彼女のアイデアのすばらしさが認められ、多くの介助犬育成団体が誕生しました。九〇年には、障害者が自分の介助動物を同伴して公共の場に出入りする権利を保障した「障害を持つアメリカ人法」が成立し、介助犬は法的にも認知され、広く社会に受け入れられた存在となっています。バーゲン博士のモットーは、「犬が人を助けるのを助ける」というもの。彼女は、人間がよりよく生きるのを手助けしてくれる犬たちの力を心から信じています。

自分の行動に責任を持つことを学ぶ

「ハイスクール・アシスタンス・ドッグ・プログラム」を取り入れている少年更生施設「シエラ・ユース・センター」での活動を見てみましょう。ここには、窃盗や街頭での喧嘩《けんか》、麻薬不法所持など比較的軽い罪を犯した一二歳から一八歳までの少年少女たちが収容されています。彼らが介助犬訓練プログラムに参加するためには、本人の希望以外に、あるレベルまで更生が進んだとの評価を受けていること、面接にパスすることなどの条件をクリアしなければなりません。

少年少女たちのほとんどは、まず少年刑務所に収監された後、社会復帰への前段階としてこの更生施設に送られてきます。ここでの滞在期間は六カ月から一年ほど。顔ぶれは数カ月ごとに変わりますが、だいたいいつも四人から六人が、犬の訓練に参加しています。

担当の犬に対し、子どもたちは毎朝歯磨きをし、ブラッシングや耳そうじなどの世話をします。そのあとは、電気のスイッチのＯＮ／ＯＦＦを教えたり、床に落ちたものを拾って持ってくるなど、介助犬になるために必要な訓練をします。

自分が出したコマンド（指示）に犬が従ってくれないとき、子どもたちはどうするでしょう。もしこれが犬でなかったら、キレて悪態をつくか、「もうこんなのやってられない」と、その場を立ち去ってしまうかもしれません。でも、犬が相手だと、みんな驚くほど忍耐強く、自分の指示を理解してもらおうとがんばるのです。

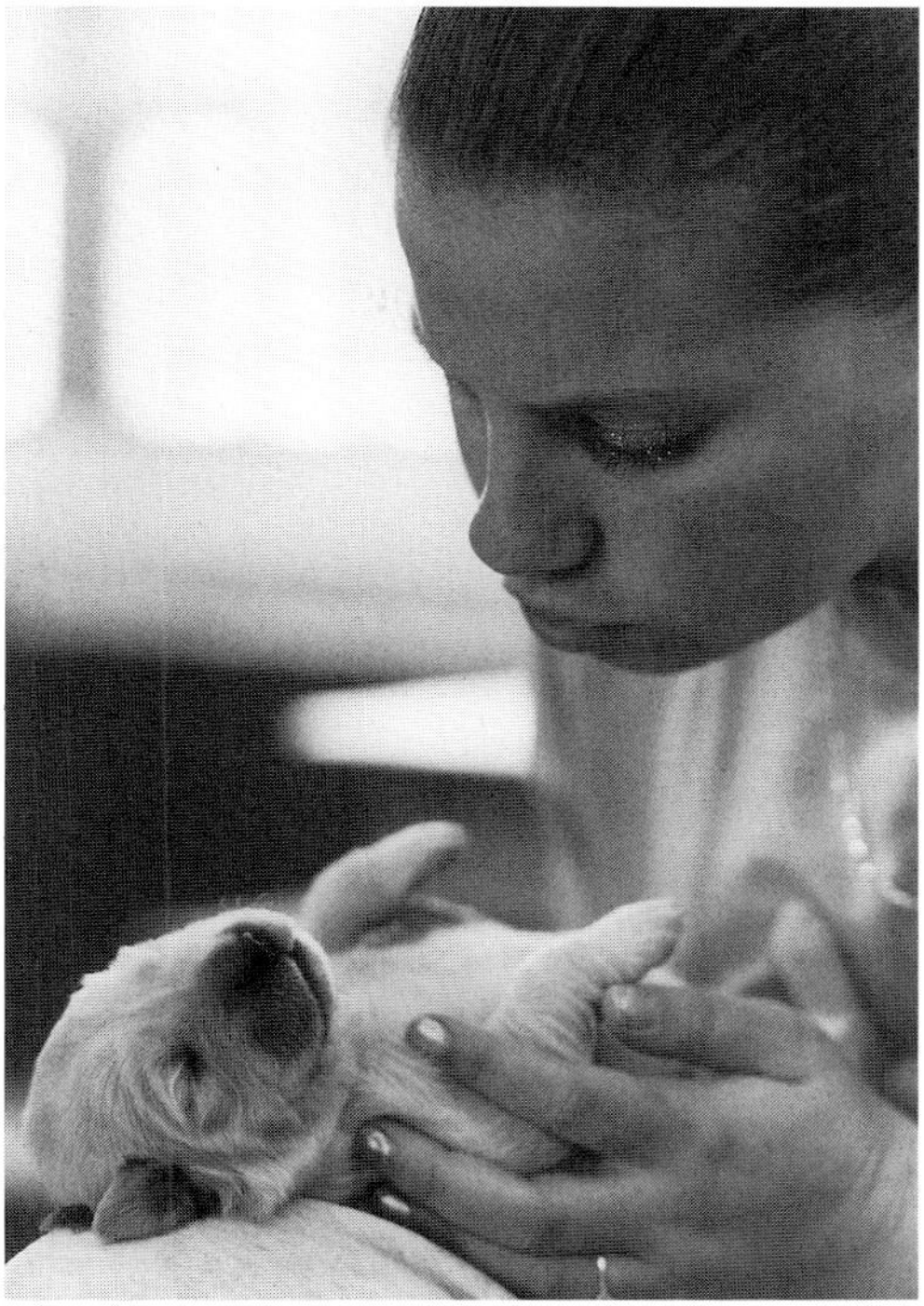

生まれたばかりの子犬をケアすることも、少年少女たちの大切な仕事のひとつ(左)
介助犬の訓練に励む少年少女たち(下)

犬に何かを教えるには、常に一貫した行動を取らなければなりません。あるときはほめ、あるときは無視したのでは、犬は混乱して、何をしなければならないのかわからなくなってしまいます。訓練の基本は「陽性強化法」と呼ばれるものです。できなかったら叱るのではなく、よいことをしたらほめる、という訓練法です。このやり方について、バーゲン博士はこう話します。

「犬の訓練をしていると、自分の行動が明らかな結果となって現れてくることを、子どもたちはすぐ理解するようになります。そして、自分の行動に責任を持たなければならないことを学ぶのです」

バーゲン博士は、罪を犯したら罰するというやりかたには批判的です。

「現在の更生のやりかたは、根本的に発想が逆です。子どもも犬も、正しいことをしてほめられて初めて、何が正しい行動なのかを学ぶもの。まちがったことをしたからといって首に縄をつけて閉じ込めても、何の効果もありません」

小さな成功の積み重ねがセルフ・エスティームを築く

訓練生の一人、一七歳のラリーが担当する犬ピアースは、高い台を昇り降りするのがこわくて、なかなか完走できないでいました。ラリーは毎日、犬のおやつを片手にピアースに付き添い、台の上ですくんでしまう犬を励まし続けました。そんなある日、ついにピアースが、台の上を止まらずに歩き通す瞬間が訪れたのです。

「やった、ピアース、グッド・ボーイ！」

ふだんはちょっと引きつったような笑いしか見せないラリーが、このときは歓声を上げ、歯を見せて笑いました。その後の彼の言葉は印象的でした。

「オレは一度だって、ピアースのことをあきらめたことはなかった。きっとできるようになると信じてたよ」

家宅侵入と窃盗罪で、ここに来ることになったラリーは、学校が大嫌いだと言います。

「学校なんて、退屈でとてもやってられない。でも、介助犬の訓練は好きだ。ピアースが毎日新しいことを学ぶから達成感がある。それに人の役に立つことをしていると思うと、気分がいい」

ラリーのこの「小さな成功」は、彼にとってどんな意味があるのでしょうか。それまでずっと「悪い子」として扱われてきたラリーは、自分が価値のある人間だとは思っていませんでした。自分が何をやってもどうせ何も変わらない。努力しても意味がない。だから非行に走る。このパターンをくりかえしてきた彼にとって、自分の担当している犬が一つずつ訓練を覚え、成長していく姿を見ることは、それまでの思考パターンをすっかり変えてしまうほどの意味がありました。

バーゲン博士は、信念を持ってこう語ります。

「この子たちが立ち直るのに必要なのは、『成功』、つまりいいことをしてほめられるというポジティブな経験の積み重ねだと信じています。それによってその子はセルフ・エスティーム（自分自身を愛し、尊ぶ心）を築き、同時に他者をも尊重できる人間になっていくのですから」

犬との信頼関係が心を開くきっかけに

私が出会った当時一四歳だった少女メーガンは、ゴールデン・レトリバーのメアリーという犬を担当していました。メーガンは、赤ん坊のときに両親が離婚し、母親に育てられました。父親には一二歳のときに一度会ったきり。母親は彼女が四歳のときに再婚したのですが、メーガンはその再婚相手の男性に虐待を受けました。職にも就かず、家でブラブラしていた彼は、部屋に鍵をかけてメーガンを閉じ込め、食事も与えずトイレにも行かせないなどの仕打ちをしたそうです。夜も昼も働きに出ていた母親とはほとんど顔を合わせることもなかったので、彼女がどんな目にあっていたかは気づいていなかっただろうとメーガンは話しました。

メーガンは幼いころから、自分が母親の面倒を見なければ、と思い込んで育ちました。でも、三〇代になっても酔っぱらってハメを外したり、万引きをして捕まる母親を引き受ける役割は、まだ一〇代の少女には重すぎたのでしょう。彼女は自分が注ぐ愛情に応えてくれない母親に失望し、麻薬に手を出します。やがて家出や盗みもくりかえすようになり、とうとう逮捕されることになったのでした。

メーガンは、シエラ・ユース・センターで約一年を過ごしましたが、自分にとって一番助けになったのは介助犬の訓練プログラムだったと言います。彼女が担当したゴールデン・レトリバーのメアリーに、メーガンはたくさんの愛情を注ぎ、訓練に熱中しました。「メアリーのおかげで、私はずっと辛抱強くなった」とメーガン。それまでは、学校で頭に来ることがあるとすぐクラスメートに喧嘩を吹っかけ、暴言を吐いていたのだといいます。それが、犬の訓練を始めてからは、

犬のメアリーとアジリティ（障害物競走）の練習をするメーガン

怒鳴りたいのをこらえ、暴言を飲み込むことができるようになったのです。「私を信頼して愛してくれる犬に対して、怒鳴るなんてできないもの」と彼女は話しました。

母親からの愛情に飢え、人に心を開けなかったメーガンにとって、メアリーとの出会いは一つの確かな変化をもたらしたようです。犬は自分に注がれる愛情を裏切ることは決してありません。必ずそれ以上の愛情と信頼を返してくれる動物です。だからこそ、犬とのかかわりが、彼女が人に対しても心を開き始めるきっかけとなったのでしょう。

怒りのコントロールを学ぶ

バーゲン博士の元で学んだ人たちが自分たちでも始めるようになり、いまでは「ハイスクール・アシスタンス・ドッグ・プログラム」は、全米のあちこちでおこなわれています。コネチカット州にある介助犬育成団体イーストコースト・アシスタンス・ドッグ(ECAD)も、その一つです。ECADは、一九九七年から、地域のオルタナティブ・スクール(一般の学校の授業のやり方になじめない子どもたちを主な対象に、さまざまな独自のカリキュラムで運営される学校)などに出張し、少年少女たちに犬の訓練を教えています。

一六歳の少女ミシェルは、ECADのトレーナー、デールの指導のもとに、ブリザードという名のゴールデン・レトリバーを訓練しました。彼女は、中学一年のときにADD(注意欠陥障害)と診断され、さらにうつ状態にもなったために、一般の学校にいられなくなったそうです。リストカットをくりかえし、壁に頭を打ち付けるなどの自傷行為をしたために、二度、精神科の病院に入院したこともあります。

ＥＣＡＤのデールは、「二年前には、こんなまっすぐなミシェルを見る日が来ようとは、想像もできなかったよ」と話します。以前は、怒りでわれを忘れ、教師やスタッフに怒鳴りちらしているミシェルをキャンパスでたびたび見かけたのだそうです。そんな彼女を見て、デールは自分の介助犬訓練クラスに入れたいと思いました。彼女のように、自分の感情をコントロールするのが下手な子どもこそ、犬と向き合うなかで多くを学べるのではないかと考えたのです。

犬が大好きだったミシェルは、介助犬訓練クラスに参加することには同意したものの、最初のころはいつも喧嘩腰だったそうです。それまで一般の学校に通っていたのが、オルタナティブ・スクールに転校させられたことで、彼女は自分が「問題児」のレッテルを貼られたように感じていました。そして、新しい学校の先生やクラスメートたちにその怒りをぶつけたのでした。

そんなミシェルだったのですが、介助犬訓練クラスで、あるとき、ほかの子が喧嘩をして謹慎させられたのを見て、考えが変わったといいます。

「その子の犬は、彼の謹慎期間中、毎日ケージのなかで待機させられたの。みんなといっしょに訓練に参加したくて、クンクン鳴いたり、いっしょうけんめい尻尾《しっぽ》を振ったりして、ほんとにかわいそうだった。私が謹慎させられたら、私の犬も同じことになってしまうと思った」

それからのミシェルは、クラスから外されないようがんばりました。犬のために、自分の怒りを抑える努力を始めたのです。やがて、ミシェルは情緒的にも安定し始め、介助犬の訓練に励むようになります。そして、学校の夏休みに犬を自宅に連れ帰るのを認められるほどになりました。

大切なものとの別れのレッスン

ＥＣＡＤでは、子どもたちが犬の訓練を担当する期間は九カ月間です。

そのあとは、別の学校で仕上げの訓練をおこないます。そして、介助犬になることが決まった犬たちは、受け取り手となる障害のある人びとに引き合わされて合同訓練をおこない、それがうまく終了すれば、介助犬として旅立つことになります。これは、どの「ハイスクール・アシスタンス・ドッグ・プログラム」でもほぼ同じで、子どもたちは必ずある時点で犬との別れを体験しなければなりません。そして、犬が見事、介助犬になった場合は、受け取り手となった人と犬が旅立つ「卒業式」の場で、「ありがとう」の言葉を聞くことになります。

これまで見てきたとおり、少年少女たちによる介助犬訓練には大切なレッスンがたくさん含まれていますが、なかでもこの「別れのレッスン」は生きていくうえで、とりわけ大切なもののような気がします。自分の愛するものをほかの人のために手放す。これはなかなか大変なことです。愛情に飢えてきた子どもたちであれば、なおのことでしょう。プログラムに参加した多くの子どもたちにとって、自分の犬は単なる仕事ではなく、深い愛着の対象でした。できれば自分の家に連れて帰り、いつまでもいっしょにいたい。そう思う子は少なくありません。

ＥＣＡＤでも、毎年犬との別れの時期が近づくと、不安定になる子が続出するそうですが、いったんそこを乗り越えた子どもは、ひとまわり大きく成長するようです。自分ががんばって訓練した犬が、誰かを助ける存在になる。誇りの気持ちが別れのつらさを上まわるとき、子どもたちのセルフ・エスティームはより確かなものとなり、やがては社会の一員として大人への一歩を踏み出すことができるのでしょう。

2　自分より弱いものを思いやる心を育む——グリーン・チムニーズの教育

傷ついた子どもたちの生きる力を引き出す

グリーン・チムニーズは、一九四七年に創設されて以来、六〇年以上にわたって、「人と動物の絆」を子どもたちの教育に生かしてきたことで、世界的に知られている全寮制の治療施設です。ニューヨーク州北部のブルースターという村にあるグリーン・チムニーズのキャンパスは、豊かな自然に囲まれたすばらしい環境のなかにあります。六四万平方メートルという広大な敷地には、およそ九〇人の子どもたちが生活する寮や学校、クリニックなどに隣接して、農場、野生動物を保護するセンター、畑などがあり、一五〇もの動物たちが、人間といっしょに暮らしています。

グリーン・チムニーズに来るのは、情緒不安定や学習障害、暴力的な態度などのために一般の学校や家庭にはいられなくなった子どもたちです。多くの子どもたちは、虐待を受けていたり、学校でひどいいじめを受けるなどしていて、心に深い傷を負っています。親や保護者から充分な愛情やケアを受けていないために、人と絆を結ぶことがむずかしい子、怒りや不満のようなネガティブな感情を言葉では説明できず、暴力的な態度でしか表せない子もたくさんいます。

グリーン・チムニーズがめざしているのは、これらの子どもたちを治すことではなく、心の傷を癒《いや》しつつ、その子の年齢に見合った精神的・社会的発達をうながすこと。そして、将来、社会のなかでしっかり生きていける力をつける、ということにあります。そのために、ソーシャルワーカーや精神科医、学校の先生、保育の専門家、そして動物の専門家、という多くの人のチームワークで、トータルなケアがおこなわれています。

自分のなかにある慈しみの心を見いだす

一一歳のカールという男の子は、二歳のころ、麻薬に溺れて子どもたちの養育を放棄した母親から引き離され、ほかの兄弟とともに他の家にあずけられました。その後多くの家庭を転々として育ったのですが、そのいくつかでは虐待も受けたといいます。さいわいカールを養子にしたいという人が現れたものの、彼の心の傷はあまりに深く、ふつうに家で暮らせる状態ではなかったそうです。たとえば、人と目を合わせられない、何かちょっとしたことを注意するだけで、悲鳴をあげて逃げてしまう。そこで、グリーン・チムニーズに来ることになったのです。

私が出会ったときのカールは、グリーン・チムニーズに来てからすでに二年近く経っていました。農場のスタッフから信頼されていて、さまざまな動物の世話を任されていました。なかでも彼がお気に入りだったのが、ニモという名前のエミューです。この鳥とカールは、特別な絆を持っていました。ニモには、生まれたばかりのとき、なぜか親鳥に受け入れられず、踏みつけられそうになったため、親から隔離されたという経歴があります。カールはそんなニモに愛情を注ぎ、いっしょうけんめい世話をしました。そのおかげで、ニモは元気に育ちました。

親鳥に捨てられたヒナをケアする、という この経験は、カール自身の癒しの過程において、非常に重要なことだったと思います。虐待を受けた子どもは、そうでなかった子どもよりも、自分自身が親になったときに自らの子どもを虐待してしまうリスクが高い、とよく言われます。けれども、このカールのように、ほかの命をいたわり、慈しむという経験をすることは、そのような負のサイクルを断ち切るきっかけになるでしょう。自分自身の内にある「慈しむ心」を見いだしたことは、これから生きていくうえで、ほんとうに大切なことだと思います。

アメリカでは、カールのように“at risk”(リスクがある)と考えられる子どもには、より手厚いケアが必要だとして、多くのNPOや学校、行政などが、さまざまなプログラムをおこなっています。それは、問題を抱える子どもたちが、実際に何か罪を犯してしまうまえに、介入して予防する「早期介入」という考え方にもとづいています。グリーン・チムニーズが実践しているのも、まさにこの「早期介入」と言えるでしょう。日本では、子どもたちが事件を起こして初めて周囲が動き出す、ということがよくありますが、それからでは遅い、というのがアメリカでの認識です。日本でも、社会に適応するのがむずかしいなどいろんな問題を抱えた子どもたちに、できるだけ早くから助けの手を差し伸べる、そんなシステムが必要ではないかと痛感させられます。

いのちを実感する教育をめざして

現在のグリーン・チムニーズはニューヨーク州から認可を受けた社会福祉団体ですが、当初は自然のなかで子どもたちが共同生活を営む私立の寄宿学校として始まりました。創設者のサミュエル・ロス博士は、幼いころから寄宿学校で暮らし、集団生活のよさを知っていたといいます。そこで、自然と動物たちに囲まれた農場で、子どもたちが体を動かして働き、自分の食べるものを自分で育てるようなオルタナティブ・スクールを作ろうと考えたのだそうです。

設立から十数年後には、学習障害や情緒的な問題を抱えた子どもたちの入学が増え、一般の児童の数を上まわるようになりました。自然のなかで動物たちとふれあうプログラムが、これらの子どもたちによい効果をもたらすと評価されたのです。そこでグリーン・チムニーズでは、よりいっそう特別教育に力を入れるようになっていきます。

そして、一九七三年には、小学校から高校までの子どものための特別教育校「グリーン・チムニーズ・スクール」に加え、社会福祉団体として「グリーン・チムニーズ・チルドレンズ・サービシス」を設立。総合教育と精神医療を兼ね合わせた二四時間体制の治療施設へと移行することになりました。

ジミーという一二歳の男の子は、キレやすく、乱暴な子として知られていました。農場で作業をしていても、何か自分の気に入らないことがあると、すぐに道具を地面に投げ捨て、地団駄踏んで暴れるのです。そんな彼と作業していたある日、道ばたで死んだスズメを見つけたことがありました。ジミーは、「お葬式をして、埋葬してあげよう」と提案。そのとき、ジミーが捧げたお祈りの言葉を、私はいまでも忘れることができません。彼はこんなふうに言ったのです。「おまえはきっと、家族を養うために、食べ物を探して飛んでいるうちに車にはねられたんだね。でも、天国では安全だよ。もう何も心配いらないよ。神様、どうかこの小鳥の面倒を見てやってください……」。ジミーは、幼いころに母親に捨てられ、母親の記憶はほとんどありませんでした。でも、彼の祈りの言葉には、母親への思慕とも受け取れるような切ない感情がにじみ出ています。いなくなった母親と、死んだスズメを重ねて見ていたのでしょうか。またあるときには、頭にケガをしたアヒルをジミーが見つけ、抱きかかえて連れてきたことがありました。心配そうに頭の傷をのぞき込む彼の表情があまりに真剣で、この子にこんな面があったのか、と驚いたことを覚えています。

動物たちとのかかわりがなければ、ジミーはただの乱暴な少年にしか見えなかったでしょう。スタッフも手を焼いていた彼の内に、こんな優しさが隠れていたとは誰も気がつかなかったかもしれません。でも、動物たちは、子どもたちのなかの一番優しい部分を引き出してくれる。ジミーと動物のかかわりは、あらためてそのことに気づかせてくれます。

ウサギが安心できるように抱く

3　苦手だったこと、関心がなかったことにも前向きに

――アメリカのR・E・A・Dプログラム

読むのが苦手な子どもたちを助ける犬たち

R・E・A・Dプログラムとは、"Reading Education Assistance Dogs"のこと。つまり、読む勉強をするのを手伝う犬(読書介助犬)という意味です。

一九九九年に、インターマウンティン・セラピー・アニマルズという非営利団体が、子どもたちが犬に読み聞かせをするプログラムを図書館で始めたのが最初です。このプログラムは大きな成功を収め、いまでは全米のすべての州とカナダの一部、ヨーロッパにも広がり、犬とハンドラー(犬といっしょに活動する人)のチームが二〇〇〇近く活動しています。

R・E・A・Dプログラムを発案したサンディ・マーティンは看護師でした。アメリカでは、セラピー犬を連れたボランティアが病院を訪ねる訪問活動が大変盛んですが、彼女も病気の人たちにとって動物とのふれあいがどれほど回復への動機づけになるか、よく知っていました。しかも、彼女は絵本が大好きな人で、多くの絵本を自宅に所蔵していました。そこで、看護師の仕事のかたわら、インターマウンティン・セラピー・アニマルズのボランティアとしてセラピー犬との訪問活動を続けるうちに、犬とのふれあいを病院だけでなく学校や図書館にも広げ、本を読むのに苦労している子どもたちへの動機づけに使えないか、と考えたのです。

国立教育統計センターが、アメリカ国民の読み書きの能力を調べるためにおこなった二〇〇三

大きな犬の体にもたれながら読み聞かせ（ローズヒル小学校）

年の調査では、基礎レベル以下、とされた大人は人口の一五%にあたる三四〇〇万人(そのうち一一〇〇万人は英語が母語でない人)で、これらの人びとの五五%は高校を卒業しておらず、四四%が貧困ライン以下の生活をしていることが報告されています。このような現実も、R・E・A・Dプログラムのような新しい発想が支持された理由の一つかもしれません。

子どもがリラックスできる環境で

ワシントン州シアトルには、R・E・A・Dプログラムを取り入れた「リーディング・ウィズ・ローバー」(以下、ローバー・プログラム)という非営利団体があります。地元テレビ局がおこなった「地域に根ざした慈善活動」の人気投票で、二〇〇九年は第二位に選ばれたほど高い評価を受けています。

ローバー・プログラムの活動の中心は、本を読むのが苦手な子どもたちへの支援。プログラムに参加している犬とハンドラーのチームは、すべてセラピー犬認定を受けているので、病院やナーシングホームなどへの訪問活動もおこなっているのですが、主には地域の小学校、図書館、書店などが活動場所です。

プログラムの進め方は、I章の2にあったとおりで、子どもと犬とハンドラーが、床に敷いたマットや毛布などの上でくつろぎながら、子どもが犬を相手に、約一五分間本の読み聞かせをします。ここで大切なのは、子どもと犬(とハンドラー)が一対一になれて、ほかの子どもの目を気にしなくてもいい環境を確保することです。

読むことが苦手な子どもは、人前で声を出して読むのが恥ずかしい、まちがってからかわれたくない、というプレッシャーにさらされています。セルフ・エスティームの低い子も多い。だから、ほかの子どもたちにからかわれる心配のないところで、犬(とハンドラー)という忠実な聞き手だけを相手に読み聞かせをすることが重要なのです。

子どもの緊張を鎮《しず》め、リラックスさせるには、犬はうってつけです。一九八三年に発表されたエリカ・フリードマンとアーロン・キャッチャーの研究によると、自分のペットの犬のそばでは、声を出して本を読んでも子どもの血圧が上がらないことが報告されています。相手をそのままに受け入れ、いっさい批判したり注意したりしない犬だからこそ、子どもたちは安心して、読むことに意識を集中することができるのでしょう。

セルフ・エスティームを大切にする

シアトル郊外にあるローズヒル小学校では、週一回、ローバー・プログラムの活動がおこなわれています。学校にペットの犬を連れてくることは認められていませんが、セラピー犬認定を受けている犬ならいいということで、受け入れが許可されました。小学校で始めるにあたって、まずは保護者に趣旨を説明する手紙を送ったあと、学校ではなく地元の書店で、一回目のプログラムを開催したそうです。そして、実際にどのように犬が子どもたちとふれあい、読書を助けるのかを保護者に見てもらったうえで、教室への導入に進みました。

参加者のなかには、英語を母語としない移民の子どもたちや、読書に障害がある子どもたちが

書店の児童書コーナーでのローバー・プログラムの様子

多く含まれています。

このプログラムからもっとも恩恵を受けそうな子どもが参加できるよう、先生たちが注意深く選ぶのですが、そこで気をつけなければならないのは、ただでさえセルフ・エスティームの低い子どもが、「自分は読むのが下手だから選ばれた」というようなネガティブな気持ちを持たないようにすること。そのため、読むのが苦手な子どもだけでなく、ただ犬に本を読んであげたい子どもたちも参加できるようにしています。

インターマウンティン・セラピー・アニマルでは、まず犬を連れたハンドラーがクラスを訪問し、みんなでふれあいをしたり、セラピー犬の役割について説明したあとで、犬に本を読んであげたい人を募る、という形式を取るそうです。そして、読むのが苦手な子どもたちが自然なかたちでプログラムに参加できるようにします。

このように慎重なやり方をする背景には、よく「学ぶ」ためにはセルフ・エスティームという土台を築くことが重要である、という信念があります。

ローズヒル小学校でローバー・プログラムを受け入れているクラスの先生は、このプログラムの熱心なサポーターで、夜や週末に書店でおこなわれるプログラムには、自分の愛犬を連れて参加しているぐらいです。子どもたちのモチベーションを高めるため、読書パスというものも作っていて、プログラムに参加するたびにスタンプを押しています。また、教室の窓にはローバー・プログラムの犬たちの写真がずらっと飾ってあり、訪問日以外でも犬を話題にするよう工夫しています。

セッションを見ていると、多くの子どもたちが本を犬のほうに向け、ほんとうに犬に向かって読み聞かせをするのに驚かされます。その行動からは、子どもたちが犬に読んであげることで大きな満足を得ていること、まるで自分が先生になったような気持ちを味わうことができて、セルフ・エスティームを高めるのにもつながっていることがうかがえるのです。

そのうち気持ちよさそうに目を閉じてしまう犬もいますが、子どもたちはまったく気にしません。寝そべっている犬の温かい体に自分ももたれかかり、声を出して読み続けます。

プログラムでは、人間のハンドラーの役割も大変重要です。子どもが理解できない言葉が出てきたら、ハンドラーは、「タイラー(犬の名前)はこの言葉、初めて聞くと思うよ。どんな意味なのか、タイラーに教えてあげて」というような聞き方をします。そして、いっしょに辞書を引いて調べるのです。

もしハンドラーが、「この言葉は何ていう意味かな?」と子どもに直接たずねたら、どうでしょうか。きっとその子にプレッシャーをかけることになってしまうのではないでしょうか。それが、犬を介在させ、「犬に教えてあげる」ことによって、子どもは自分に押しつけられていると感じずに、学習を続けることができるのです。

図書館や書店でも

図書館や書店でのプログラムでは、「犬に本を読んであげましょう」というようなイベントを設定し、基本的には希望する子どもたちが誰でも参加できるようなオープンなものにすることが多いようです。子どもたちが楽しみにできるように、月に一～二度ぐらいの頻度でおこないます。

アメリカの代表的な大型書店のひとつ、ボーダーズ・ブックストアでのプログラムを見学したときのこと。

セッションが始まる一時間も前から何組もの親子連れが店に入ってきて、子どもの本のコーナーを歩きまわっています。その日、犬に読んであげたい本を選んでいるのです。

最初の犬とハンドラーのチームが到着すると、待ちきれない子どもたちがさっそく本を手に駆け寄ります。誰かがセッションの開始を告げるわけでもなく、犬とハンドラーが到着するたびに子どもたちが集まり、そのうち床のあちこちに毛布を敷いた島ができました。一人の持ち時間はだいたい一五分なので、終わるとまた別の犬のところに行って、本を読んであげます。もちろんみんな読書パスを持っていて、ハンドラーによっては、犬の足の裏に直接インクをつけ、スタンプを押してくれる人もいます。

感心したのは、犬たちが去ったあと、床についた毛を書店員さんたちがあたりまえのように掃除機で吸い取っていたこと。「犬の毛は気になりませんか?」と聞くと、「掃除をするから大丈夫ですよ。それより、子どもたちが本を好きになってくれることのほうが、ずっと大事です」との答えが返ってきました。

その日参加した犬は一〇頭。ゴールデン・レトリバー、ラブラドール・レトリバー、モサモサの毛をした雑種など、ほとんどが大型犬です。ローバー・プログラムで活躍するセラピー犬の多くが、アニマル・シェルター（動物保護施設）からレスキュー（救出）された犬たちであることも、こ

本を犬のほうに向け、真剣に読み聞かせをする女の子(ローズヒル小学校)

のプログラムへの評価を高めているといっていいでしょう。R・E・A・Dプログラムを全米で初めてスタートさせたサンディ・マーティンの犬オリビアも、シェルターから引き取られた犬でした。

「人と動物の絆」がもたらしてくれる恩恵を、もっとも手近に、より多くの子どもたちに広げられるのは、このR・E・A・Dプログラムではないかという気がします。日本の子どもたちのなかには、まだ犬がこわいという子もいますから、このようなプログラムを導入するには、「ふれあい授業」などを経て、まず犬に親しむステップが必要でしょう。けれど、柴内先生が語っておられるように、子どもたちが犬を好きになるのに、それほど時間はかかりません。そして、日本にもアメリカと同じように、本を読むのが苦手な子どもたちはたくさんいます。

R・E・A・Dプログラムは、ただ単に本を読むことを助けるだけではありません。その子どものセルフ・エスティームを築き、学ぶ喜びを知るきっかけにもなります。

アメリカでは、R・E・A・Dプログラムに継続して参加している子どもたちが、授業中、自分から手を挙げるようになった、物事に積極的に取り組むようになった、などのポジティブな変化が報告されています。

＊　＊　＊

いま、日本で、犬と暮らしている家庭は約二〇％、猫と暮らしている家庭は約一五％。小鳥やハムスターなどの小動物と暮らしている家庭もたくさんあるでしょう。集合住宅で、犬や猫と暮らせない家庭もありますが、動物のいる暮らしは、私たちにとって、すっかり身近なものとなりました。

これまで見てきたとおり、動物とのかかわりのなかには、子どもたちが学べる貴重なレッスンがたくさん含まれています。その多くは、大人が言葉で教えるのはむずかしく、子どもたち自身が実際の経験をとおして学んでいくほかないものです。動物たちはそのような学習の場で、大きな役割を果たすことができます。ぜひ日本でも、「人と動物の絆」が広く教育現場に取り入れられ、子どもたちの成長を支える教育の一つとして役立てられることを願います。

日本の小学校での「ふれあい授業」

人とのよいふれあいは動物もリラックスさせる

柴内裕子
1935年生まれ．日本大学農獣医学部獣医学科を卒業．1963年に東京赤坂に赤坂獣医科病院(現赤坂動物病院)を開設，院長として現在にいたる．1986年に日本動物病院協会(現公益社団法人 日本動物病院福祉協会)の第4代会長として，人と動物のふれあい活動CAPP(Companion Animal Partnership Program)をスタートさせ，初代委員長となる．病院，高齢者施設，小学校などを動物とともに訪問し，人と動物とのふれあい活動や動物介在教育を実践している．2007年にIAHAIO(人と動物の関係に関する国際組織)特別賞を受賞．著書に『これからの犬の育て方としつけ方』(講談社)，『子犬がわが家にやってくる』(高橋書店)，『都会で犬や猫と暮らす』(岩波ブックレット，大塚敦子氏と共著)ほか多数．

大塚敦子
1960年生まれ．上智大学文学部卒業．国際紛争報道を経て，死と向きあう人々，紛争後の社会や刑務所などで，人と自然や動物との絆がもたらす癒しなどをテーマに取材．『いのちの贈りもの』(岩波書店)で準太陽賞，『さよなら エルマおばあさん』(小学館)で講談社出版文化賞絵本賞，小学館児童出版文化賞受賞．そのほかの著書に『犬が生きる力をくれた』，『モノとわかれる 人生の整理整頓』(以上，岩波書店)など多数ある．URL: http://atsukophoto.com

子どもの共感力を育む　動物との絆をめぐる実践教育　岩波ブックレット777

2010年2月9日　第1刷発行

著　者　柴内裕子《しばないひろこ》　大塚敦子《おおつかあつこ》

発行者　山口昭男

発行所　株式会社　岩波書店
〒101-8002 東京都千代田区一ツ橋2-5-5
電話案内 03-5210-4000　販売部 03-5210-4111
ブックレット編集部 03-5210-4069
http://www.iwanami.co.jp/hensyu/booklet/

印刷・製本　法令印刷　　装丁　副田高行

© Hiroko Shibanai, Atsuko Otsuka 2010
ISBN 978-4-00-009477-1　　Printed in Japan